Buchinformation

Herausgeber:

EZP-Verlag
Hamburger Str. 283
38114 Braunschweig

Autor: Sven Lau

Lektorin: Aisha Chaouki

Auflage:

1. Auflage - 30.11.2009

Verlag und Druck:

INHALTSVERZEICHNIS

Gib nicht auf…

Einführung

Dieses Buch ist eine Anleitung für ein erfolgreiches Leben, an jeden Menschen gerichtet, nicht bedacht auf eine bestimmte Person, eine einzige Gemeinde von Menschen, Rasse, Kaste, sondern vielmehr an jeden Menschen der aus dem Schoße seiner Mutter hervorkam, unabhängig von seinem Alter, seiner Nationalität, Hautfarbe, Sprache, Religion, Kultur , oder gar Familienzugehörigkeit, unabhängig von seinen Interessen, seiner Denkweise, sei er nun Sportler, Musiker, Politiker oder Schauspieler, um ihm zu helfen, alles Menschenmögliche aus ihm heraus zu holen an Talenten, Fähigkeiten und Eigenschaften, um ihn zu Wohlbefinden und Erfolg zu führen.

Es ist ein Buch über faszinierende Persönlichkeiten, deren Werke, Aussagen, Taten, Geduld und eiserner

Wille hier wieder gespiegelt werden. Über Menschen, die nicht aufgaben, auch wenn sie am Scheidepunkt angekommen waren, ohne jegliche Perspektive - große Persönlichkeiten wie ***Nelson Mandela, Mahatma Ghandi, Dr. Aid Al-Qarni, Martin Luther King, Malcom X, Abraham Lincoln, Andreas Niedrig, Lance Armstrong, oder Rubin Carter****, die mich alle zutiefst inspiriert haben, dieses Buch der Menschheit mitzugeben.*

Lieber Leser, ich möchte zunächst kurz darauf eingehen, warum dieses Buch jeden anspricht, gleichgültig ob wir unterschiedliche Ansichten und Interessen haben, denn es gibt ohne Zweifel sehr viele Gemeinsamkeiten der Erdenbewohner, die keiner leugnen kann, egal ob man Atheist oder gläubig, arm oder reich, gesund oder krank, alt oder jung ist. Es ist unsere gemeinsame Entwicklung, die Entstehung des Menschen, die sich bei keinem von uns unterscheidet, die Fortpflanzung des Menschen durch den Beischlaf unserer Eltern, das gleiche Heranwachsen - jeder lernt zu krabbeln, dann erst zu laufen, hierauf dann zu sprechen.

Wir tragen dieselben Schwächen wie Hunger, Durst, Ermüdung, Krankheit, Toilettengang und Sterblichkeit mit uns, leben auf demselben Planeten, zu derselben Zeit, im selben Rhythmus der Jahreszeiten mit derselben Sonne und demselben Mond, bedeckt von der Nacht und erhellt durch den Tag, haben dasselbe Blut, atmen dieselbe Luft ein und haben alle den Wunsch nach Liebe, Zuneigung und Befriedigung. Im Allgemeinen sind wir Menschen alle mit denselben Sinnen, Körperfunktionen und Schwächen ausgestattet, bis auf gewisse Ausnahmen. Unser Ursprung ist derselbe; der Ausgang verschieden!

Das sind nur wenige von vielen Gemeinsamkeiten, die wir alle besitzen, auf die ich jedoch nicht weiter eingehen möchte, da ich dir nur verdeutlichen wollte, dass ich aufgrund unserer Gemeinsamkeiten auch jedem Menschen einen Ratschlag mit auf den Weg geben kann, der ihm nützlich sein wird, egal woher er stammt und wie er denkt, denn es gibt Dinge, die für uns alle gleich sind.

Es gibt viele Fähigkeiten, die sich ein Mensch im Laufe der Zeit aneignen und erlernen kann. Dazu gehört auch, dass man die Menschen studiert und erkennt, was für jeden Menschen wichtig ist. Keiner ist gerne traurig, aber es mag sein, dass die Wünsche eines jeden Individuums nicht immer gleich sind.

Dennoch gibt es Dinge, die niemand gerne hat; niemand verliert gerne jemanden, den er liebt bzw. mag oder etwas, was er im Allgemeinen gerne hat, niemand wird gerne krank oder plagt sich gern mit Schmerzen, seien sie nun seelischer oder körperlicher Art. Wer hat schon gern Zahn- oder Herzschmerzen? Und genau aus diesem Grund schreibe ich diese Zeilen nieder - weil ich dir helfen möchte, dich erfolgreich und glücklich zu machen. Du sollst wissen dass ich diese Zeilen von Herzen niederschreibe, um dein Wohlbefinden zu verbessern - und etwas, das von

Herzen kommt, erreicht auch die Herzen. Man spürt dies bei den kleinsten Dingen im Leben - eine Torte, die mit Liebe selbst zubereitet wurde, schmeckt einfach besser und anders, als eine, die in der Fabrik hergestellt wurde.

Jeder Mensch sucht auf seine eigene Art und Weise einen Weg aus, um glücklich zu werden, um innere Ruhe zu verspüren. Oft ist es aber eher Ablenkung als wirklich die Erfüllung der Seele, die einen dazu bringt, vieles auszuprobieren, um an sein wahres Ziel zu kommen - was nicht jeder erreicht, da man oft einfach nach Instinkt handelt oder auf das schaut was die Eltern, Freunde, Bekannte oder Arbeitskollegen machen. Dabei beachte man: Das, was andere machen, muss nicht immer richtig sein. Denn der Mensch hat im Allgemeinen durch sein Handeln und Einwirken auf sein Gegenüber sehr viel Einfluss, und am meisten prägt einen jemand, der einem am liebsten oder nächsten ist.

Und hier trennen sich dann auch die Interessen der Menschen - der eine gibt sich ganz seinem Hobby hin, der andere seinem Job, ein anderer seiner Liebe, also menschlicher Zuneigung, zu wem auch immer - Kind, Mann, Frau, Mutter, Vater, Onkel, Tante, Freund oder Tier; wieder ein anderer gibt sich Drogen hin, ein anderer der Musik, noch ein anderer der Religion, ein anderer dem Tun guter Taten und schließlich einer dem Verrichten von schlechten Taten , egal in welcher Hinsicht. Jeder auf die Art und Weise, wie er es für richtig empfindet.

Jeder Mensch liebt es, erfolgreich zu sein. Vielleicht liebt es nicht jeder, gelobt zu werden, aber keiner ist gerne immer „Reserverad“, letztes Glied in der Kette - jeder möchte wichtig sein, vielleicht nicht für alle Menschen, aber für bestimmte. Niemand ist gern für alle wie ein Verstorbener, dem keine Beachtung geschenkt wird; vielmehr braucht jeder jemanden oder etwas, um glücklich oder nicht einsam zu sein.

Das Leben ist eine Kunst, die erlernt werden kann. Es ist besser für den Menschen, sich ernsthaft und eifrig zu bemühen, Blumen, duftende Pflanzen und Liebe ins Leben zu rufen.

Eine lächelnde Persönlichkeit sieht die Erschwernisse und überwältigt sie mit vergnügen.

Die schwache Persönlichkeit empfindet alles als schwer, was genau im Gegensatz zur starken Person steht.

Denn die starke Persönlichkeit wird durch jedes Hindernis nur noch stärker, während die schwache Person immer schwächer und kränker wird und vor den Herausforderungen flieht.

Wenn wir nun schon so weit gekommen sind in so wenigen Zeilen, ist es für uns sehr wichtig zu wissen: „Wie kann ich meiner Seele das geben, was für sie wichtig ist, damit ich ein ausgewogenes Leben führen kann und die Aufmerksamkeit, Liebe und Zuneigung derer gewinne, die für mich wichtig sind?

Indem du mit Dingen abschließt, die vorbei sind, egal wie hart und schmerzhaft diese waren, und an neue Ziele und Erfolge in deinem Leben anknüpfst. Denn die meisten Menschen verwenden mehr Zeit und Kraft darauf, um die Probleme herumzureden als sie anzupacken.

Sven Lau

Mönchengladbach, den 30.11.2009

Mit der Vergangenheit abschließen

An das Vergangene zu denken, sich damit zu beschäftigen, sie sich vor Augen zu führen und darüber traurig zu sein, ist eine Dummheit und ein Irrweg, es tötet den Willen und zerstört dein gegenwärtiges Leben.

Weder kann die Trauer die Vergangenheit zurückholen noch die Sorge die begangenen Fehler wieder gut machen. Weder kann der Kummer sie korrigieren noch wiederbeleben, denn die Vergangenheit existiert nur in Gedanken, wird aber nicht zurückkehren. Die Gegenwart ist Realität! Lebe nicht im Albtraum der Vergangenheit! Willst du den Fluss zu seiner Mündung zurückbringen oder die Sonne zu der Stelle, an der sie aufgegangen ist? Willst du das Kind in den Leib seiner Mutter oder die Tränen ins Auge zurücksetzen?

Es ist ganz gleich, wie schön oder auch wie schrecklich etwas in der Vergangenheit war, es wird nichts an der Tatsache ändern, dass du jetzt gefragt bist, aus dieser Stunde das Beste zu machen, nach vorne zu blicken, die Ziele, die du dir gesetzt hast, umzusetzen .

Denn vergiss nicht: Es gab auch schon Hunderte von Dingen in deinem Leben, die du freiwillig geändert oder unterlassen hast, und später hast du dich doch wieder diesen Dingen gewidmet.

Erinnere dich, mit wem du schon alles freiwillig in Kontakt standest, mit wem du aber heute nichts mehr zu tun hast. Jeder Mensch durchläuft Phasen, sei es in Bezug auf den Personenkreis, mit dem man sich umgibt oder in Bezug auf Ansichten, die man im Laufe der Zeit ändert. Die Menschen laufen dem nach, was Sie erfreut hat, woran sie Vergnügen hatten. Es ist die Fortsetzung der Vergangenheit über die Gegenwart in die Zukunft.

Jeder Mensch sollte wissen - egal ob er, während er diese Zeilen liest glücklich oder unglücklich ist - wir sind alle dem hohen Naturgesetz unterworfen.

Es wird dir nichts nutzen, Tränen über die Vergangenheit zu vergießen, denn die Stärke für das Empfinden der Vergangenheit bringt niemandem etwas Verlorenes wieder. So wird der schwarze Sklave dadurch nicht befreit, der Indianer wird sein Volk nicht wiederbeleben und der Verlierer eines Kampfes den Kampf dadurch nicht im Nachhinein gewinnen. Selbst der Sieger der Vergangenheit interessiert die meisten nicht mehr, denn heute hat jeder sein Augenmerk auf die heutigen Sieger geworfen. Der Mensch selber hat oft Illusionen über das Leben. So wünscht er sich, Dinge aus der Vergangenheit wieder zu beleben oder ungeschehen zu machen. Dies hätte er gern: die Tage des Erfolgs für immer und die Tage des Verlusts und Kummer nie wieder - wer will schon freiwillig vergangene Schmerzen wieder spüren.

Der Ärger und die Beschäftigung mit dem Vergangenen, die Unruhe und das Aufgeben sind dramatisch, schrecklich und ernst. Niemand der geliebten Verstorbenen würde wollen, dass man selbst nach ihrem Tod auch stirbt. Frag sie doch zu Lebzeiten; sie werden dir nicht sagen: „Wenn ich nicht mehr da bin, soll es auch mit dir vorbei sein“, außer jemandem, der keinen Verstand besitzt, oder zumindest keinen ausgereiften, wie es bei einem Kind der Fall ist.

In der Vergangenheit zu leben, bedeutet, das Leben in der Gegenwart zu verlieren, es zerreißt die Bemühungen und zerstört die derzeitige Lage.

Wer in die Vergangenheit zurück reist, ist wie einer, der das Sägemehl wieder in Holz verwandeln will. Unser Missgeschick und Unglück ist, das wir unfähig sind, in der Gegenwart zu leben und uns stattdessen mit dem Vergangenen beschäftigen.

Wir vernachlässigen unsere schönen Häuser und Wohnungen und beweinen die zerfallenen Ruinen.

Der Mensch schaue nicht nach dem Verlorenen, sondern viel mehr auf das Gebliebene. Nicht der ist ein Verlierer, der hinfällt, sondern der, der liegen bleibt.

Das Vergangene mit Geduld zu ertragen ist leichter und besser als die Beklemmung, das Ertragen ist würdiger als die Schwäche; und wer sich nicht freiwillig geduldet, der wird sich gezwungenermaßen gedulden müssen, was ohne Die Prüfung ist wie eine Krankheit, die Zeit benötigt, bis sie abklingt. Wer mit der Heilung voreilig ist, läuft Gefahr, dass sich diese Krankheit versteckt. So ist es mit dem Schicksalsschlag, der Prüfung und der Heimsuchung, die auch Zeit benötigen, bis sie verschwinden.

Frage mit großer Mühsal verbunden ist. Reichtum und Macht sind vergängliche Träume,
Aber der Duft weiser Worte währt ewig.

Es ist die feine Kunst des Lebens, zum eigenen Vorteil das Gute und Nützliche aus dem Vergangenen mitzunehmen und alles andere in eine Schublade abzulegen, die man nie wieder öffnet.

Die Gegenwart mit allen Hürden meistern!

Sei du selbst die Veränderung, die du dir wünschst für diese Welt! Es ist einfach, träge, langweilig und faul zu sein, aber es stellt eine Herausforderung dar, Probleme auf die beste Art und Weise zu meistern. Es zeugt von Größe und großer Entschlossenheit, Selbstbewusstsein, Fähigkeit und Geschick, aus einer scheinbar unmöglichen Situation heraus den zu erwartenden Sturz in einen Erfolg umzuwandeln. Keine Zukunft vermag gutzumachen, was du in der Gegenwart versäumst.

Warum bedrückt dich das Wetter? Der Regen, den wir, die Tiere, Pflanzen, Gärten und Äcker zum Leben benötigen? Dein kaputtes Auto oder Fahrrad, der Fleck auf deinem Schuh, deiner Hose oder deiner Jacke? Bist du betrübt wegen deines verlorenen Handys, deines kaputten Notebooks oder etwa wegen der Tür, die quietscht bzw. klemmt? Oder ist es das Essen, dass dir nicht schmeckt? Der Kaffee der zu süß oder zu stark ist? Hast du dir schon einmal Gedanken über diejenigen gemacht, die nichts besitzen, die sich krümmen vor Hunger?

Oder hast du schon einmal über Menschen nachgedacht, die Defizite besitzen, die etwa blind oder taub sind, keine Arme oder Beine haben, keine intakte Zunge besitzen oder nicht zeugungsfähig sind?

Weißt du, dass es Menschen gibt, die jetzt gerade, während du diese Zeilen liest, gequält, vergewaltigt, geschlagen, getreten, bespuckt, ihrer Würde beraubt werden?

Ebenso Menschen ohne Rückendeckung, die keine Eltern, Verwandte, Freunde oder Bekannte haben?

Menschen, die eingesperrt und ausgegrenzt von dieser Gesellschaft leben, hinter einer eisernen Gefängnistür - zurecht oder zu unrecht - Kinder und Erwachsene, die zu Drogen greifen, weil sie vor ihren Problemen fliehen wollen - fühlst du ihren Schmerz?

Der Farbige, der den Weißen hasst wegen dessen Beschimpfungen, Anspucken und Schlägen, so wie der Deutsche den Ausländer hasst wegen dessen schlechten Benehmens und der Ausländer den Deutschen wegen dessen Rassismus hasst - hast du je versucht, dich in dein Gegenüber hinein zu versetzen?

Was hast du für die Verbesserung der gegenwärtige Lage getan außer zu jammern und zu reden, was jeder tut und was einfach und primitiv ist?

Probleme sind Gelegenheiten zu zeigen, was man kann! Es ist nicht genug, etwas zu wissen, man muss dieses Wissen auch anwenden. Es ist nicht genug zu wollen, man muss auch handeln. Mit gutem Beispiel voranzugehen ist nicht nur der beste Weg, andere zu beeinflussen - es ist der einzige.

Schau immer auf Menschen, die unter dir stehen, denen es schlechter geht, und du wirst stets sehen, dass es Menschen gibt, die härtere Schicksalsschläge erleiden. Ich habe dir und einem jedem Leser ganz zu Anfang des Buches mitgeteilt, dass ich zum Schreiben dieses Buches durch große Persönlichkeiten inspiriert wurde, die über einen eisernen Willen verfügten bzw. noch immer verfügen. Niemand würde sie heute beachten oder kennen, wäre da nicht diese volle Überzeugung von ihrem Potenzial gewesen.

Ich möchte nun auf solche an sich eingeschränkten Menschen, die dennoch Außergewöhnliches leisteten, eingehen.

Lähmung

***Stephen William Hawking**, geboren am 8. Januar 1942 in Oxford (Vereinigtes Königreich), ist ein englischer Astrophysiker. Er ist bekannt als einer der klügsten Astrophysiker und Mathematiker der Welt – und dies als Querschnittsgelähmter. Während seines Studiums in Oxford zeigten sich die ersten Anzeichen seiner Erkrankung, die sich während seiner Studienzeit in Cambridge von 1963 bis 1965 noch verstärkten.*

Die Amyotrophe Lateralsklerose begann, sein Nervensystem zu zerstören. Sein Gehirn war davon allerdings nicht betroffen. Durch die Diagnose zu neuer Leistung angespornt, begann Hawking 1965 seine Doktorarbeit und heiratete Jane Wilde, mit der er drei Kinder bekam. Da seine Hand zu dieser Zeit schon Lähmungserscheinungen zeigte, wurde seine Dissertation von unterschiedlichen Helfern geschrieben. Seit 1968 ist er zur Fortbewegung auf den Rollstuhl angewiesen.

Bei einem Besuch des Forschungszentrums in Genf erkrankte Hawking 1985 an einer Lungenentzündung, die in seinem Zustand lebensbedrohlich war. Es kam zu einer Atemnot, die nur durch einen Luftröhrenschnitt überwunden werden konnte; dabei verlor Stephen Hawking die natürliche Sprachfähigkeit. Von 1979 bis 2009 war er Inhaber des Lehrstuhls für Mathematik an der Universität Cambridge, den einst Sir Isaac Newton innehatte.

Das Leben Stephen Hawkings ist ein Beweis dafür, dass man trotz Krankheit Großes vollbringen kann

Ein anderer Gelähmter konnte nach vielen Jahren wieder laufen, hüpfen und springen. Warum? Weil ein Skorpion ihn biss und er sich nicht wehren konnte. Er wollte es doch so gern, aber sein Schicksal ließ es nicht zu - zu seinem Wohl, denn dieses Gift war seine Heilung; er konnte sich nur durch das Gift des Skorpions wieder bewegen. Als giftiges Tier fand der Skorpion unterschiedlichste Verwendungen in der Volksmedizin. Die moderne Medizin wendet das Gift mittlerweile gezielt gegen Gehirntumore an.

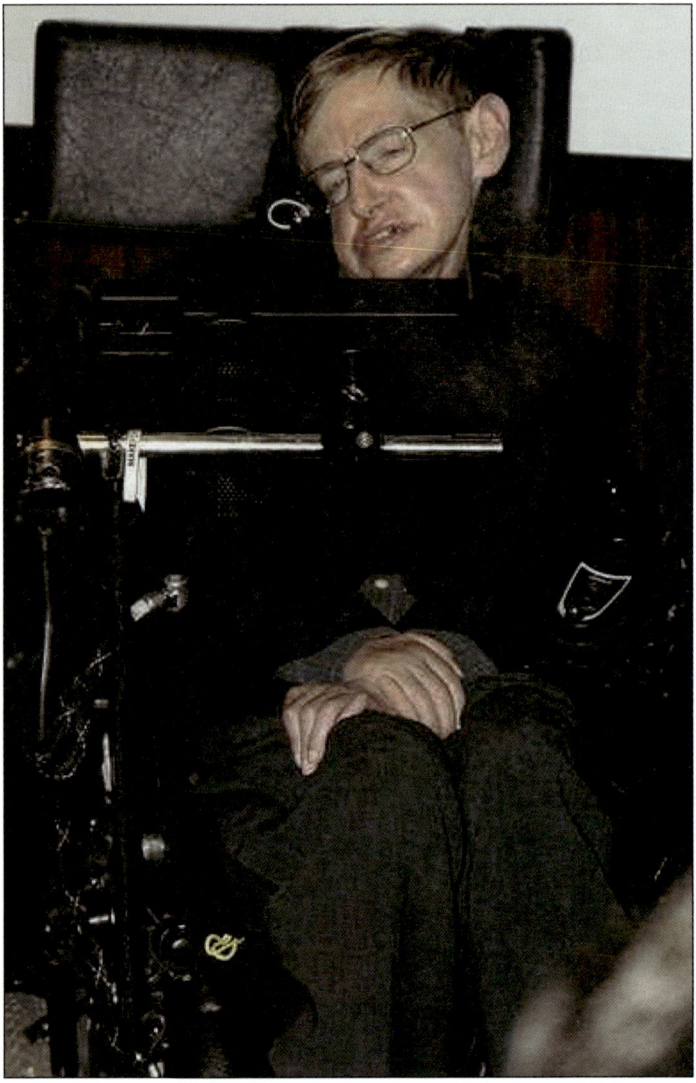

Blindheit

Bist du blind*? Dein Leben ist nicht vorbei - selbst Ruhm kann man auch als Blinder noch erfahren! Auch hierzu einige Beispiele für dich:*

Andrea Bocelli *(* 22. September 1958 in Lajatico bei Volterra/Toskana) ist ein italienischer Sänger (Tenor). Andrea Bocelli wurde mit einer erblichen Form des Glaukoms geboren, das mit zunehmendem Alter seine Sehkraft immer mehr beeinträchtigte. Im Alter von sechs Jahren erhielt Andrea Bocelli ersten Klavierunterricht. Mit zwölf Jahren wurde er von einem Fußball am Kopf getroffen und erblindete vollständig. Im selben Jahr gewann er seinen ersten Gesangswettbewerb „Margherita d´Oro“ mit dem Lied „O sole mio“.*

Als Vorjahresgewinner des Wettbewerbs von San Remo wurde Bocelli 1995 eingeladen, erneut ein Stück vorzutragen. Er sang „Con te partirò“ und belegte damit in der Gesamtwertung den vierten Platz. Dieses Stück nahm er dann auch für sein Album „Bocelli“ auf.

Das Album verkaufte sich in Italien so erfolgreich, dass es dort doppelt mit Platin ausgezeichnet wurde. Dank der hohen Platzierung in den belgischen Charts wurde es sechsfach mit Platin ausgezeichnet, in den Niederlanden und Deutschland erhielt es sogar den Status „Multiplatin“.

Stevie Wonder *(* 13. Mai 1950 in Saginaw, Michigan) ist ein blinder amerikanischer Pop- und Soul-Sänger, Komponist sowie Multiinstrumentalist. Wonder hat bis heute ungefähr 67 Millionen Alben und über 44 Millionen Singles verkauft. Der US-amerikanische Sänger und Musiker zählt zu den erfolgreichsten Vertretern der Disco- und Pop-Musik. Der blinde Künstler hatte mit seinen Stücken großen Einfluss auf die Musik der 1970er und 1980er Jahre. Welt- berühmt wurde er mit Hits wie "I just called to say I love you", "You are the sunshine of my life" oder der Geburtstags-Hymne "Happy Birthday".*

Und es gibt auch genügend andere wie z.B. den Gelehrten ***Abd al-Aziz ibn Baz*** *(* 21. November 1910 in Riad, Saudi-Arabien; gest.13. Mai 1999). Er war einer der hochrangigsten Gelehrten in Saudi-Arabien; einige Jahre wirkte er auch als Großmufti des Landes. Im Jahre 1994 wurde Ibn Baz vom saudischen König Fahd als Minister für religiöse Studien in das Kabinett geholt.*

Wunder geschehen immer wieder

Eine blinde Frau aus Taiwan ist gegen einen Traktor geprallt und hat ihr Augenlicht zurückgewonnen!

Die Witwe Miyagu (53) war seit ihrem zehnten Lebensjahr blind. Nach einem Kirchgang stolperte sie und fiel gegen den am Straßenrand geparkten Traktor.

Zehn Tage später konnte die Frau wieder normal sehen.

Eine medizinische Erklärung für die wundersame Heilung gab es zunächst nicht.

„Jetzt verbringt sie viel Zeit damit, unseren schönen Sonnenauf- und -untergänge zu betrachten", sagte ein Polizeisprecher.

Eine medizinische Erklärung für die wundersame Heilung gab es zunächst nicht.

Krebserkrankung

***Lance Edward Armstrong** (* 18. September 1971 in Plano, Texas, als Lance Edward Gunderson) ist ein US-amerikanischer Profi-Radrennfahrer.*

*Am 2. Oktober 1996, nur kurz nach der Vertragsunterzeichnung beim französischen Rennstall **Cofidis** wurde **bei Lance Armstrong** Hodenkrebs im fortgeschrittenen Stadium diagnostiziert, es hatten sich bereits Lymphknotenmetastasen im Bauchraum sowie in der Lunge und zwei Tumore im Gehirn gebildet. Zwei Operationen und eine vier Zyklen beinhaltende Chemotherapie schlossen sich an, die Krebserkrankung konnte schließlich erfolgreich behandelt werden. Der rechte Hoden musste operativ entfernt werden. Hätte Armstrong die übliche Chemotherapie gewählt, so wäre an eine Fortsetzung seiner Radsportkarriere nicht zu denken gewesen; so ist eine der Nebenwirkungen eines* *der Wirkstoffe eine potentielle Verringerung der Lungenkapazität.*

Aus diesem Grund entschloss sich Armstrong für eine im Behandlungszeitraum wesentlich belastendere Chemotherapie, welche jedoch keine Auswirkungen auf seine langfristige Leistungsfähigkeit hatte. Als er noch rekonvaleszent war, kündigte seine Mannschaft Cofidis den Vertrag. Im Frühjahr 1998 kehrte Lance Armstrong in den Radsport zurück. Beim amerikanischen Team US Postal unter Vertrag, war der Neuanfang zunächst nicht erfolgreich. Erst beim zweiten Anlauf im Herbst des gleichen Jahres konnte sich Lance Armstrong wieder in Szene setzen und erreichte bei einem Rennen in der Spanien-Rundfahrt sensationell den vierten Platz, die bis dahin beste Platzierung des einstigen Klassikerspezialisten bei einer großen Rundfahrt.

1999 gewann Armstrong erstmals die Tour de France sowie vier einzelne Etappen. Auf den Bergetappen und besonders im Zeitfahren baute er seinen Vorsprung kontinuierlich aus. Armstrongs Sieg wurde weltweit als das „Comeback des Jahrhunderts“ gefeiert. Lance Armstrong konnte insgesamt 7-mal die Tour de France, das längste und härteste Radrennen der Welt gewinnen; dies gelang bislang niemanden neben ihm.

Zweiradfahrer ohne Arme

In China hat die Polizei einen Mann ohne Arme aus dem Verkehr gezogen, der trotz seines Handicaps mit einem Motorrad unterwegs war, auf dem drei Personen saßen. Als sie den Fahrer belangen wollten, reagierten sie geschockt - er hatte keine Arme.
Der 27-jährige ***Liu*** *verlor beide Extremitäten im Alter von sieben Jahren durch einen Stromschlag. Als er zehn war, schickten ihn seine Eltern zu einem örtlichen Zirkus, um seine Geschicklichkeit zu trainieren. Von da an lernte er auch, ohne Arme Kraftrad zu fahren.*

Bei seiner Vernehmung gab Liu an, dass er sein umgerüstetes Motorrad bereits zehn Jahre lang fahre. Vor drei Jahren sei der Zirkus, in dem er auftrat, geschlossen worden; seither führten er und zwei weitere behinderte Artisten ihre Kunststücke auf der Straße auf. Leider konnte Liu den Beamten keinen Führerschein vorzeigen. Jetzt aber hat er von der Polizei die Anordnung bekommen, kein Motorrad mehr zu fahren. Von der Erteilung eines Bußgelds sahen die Beamten jedoch ab, weil er dafür zu arm sei.

Sieg trotz schrecklichen Unfalls

Alessandro „Alex“ Zanardi *(* 23. Oktober 1966 in Bologna) ist ein italienischer Automobilrennfahrer.*

Er überlebte die Fahrt zur Hölle und ließ sich nicht einmal vom Verlust beider Beine bremsen: Alex Zanardi und seine schier unglaubliche Rückkehr auf die Motorsportbühne, fünf Jahre nach seinem grauenvollen Unfall, bei dem er seine Beine verlor. „Ich musste mich nie zwingen zu denken: Das Leben kann trotz des Unfalls lebenswert sein“, sagt Zanardi, der Mann, der am 15. September 2001 dem Tod wie durch ein Wunder entkam. An jenem Tag rast Zanardi auf dem Lausitzring in einem Rennwagen der amerikanischen Champ-Car-Serie aus der Boxengasse, verliert die Kontrolle über sein Auto und kommt quer zur Fahrtrichtung zum Stehen. Mit Tempo 320 kracht der mit Zanardi befreundete Alex Tagliani in den vorderen Teil des Autos. Noch auf der Strecke bekommt er die Letzte Ölung.

Mit schwersten Verletzungen wird er in ein Berliner Krankenhaus gebracht. Dort kämpft er vier Tage im künstlichen Koma um sein Leben. Seine Frau Daniela wacht an seinem Bett. Die Ärzte geben ihm anfangs so gut wie keine Chance. Als er nach rund einer Woche das Bewusstsein wieder erlangt, von schrecklichen Schmerzen geplagt, teilt ihm seine Gattin mit, dass er beide Beine verloren hat. Seine Antwort: „Schön, aber das ist im Moment mein kleinstes Problem.“

Probleme löst Zanardi auf seine Weise. Er klagt nicht, seinen Unfall hat er verarbeitet, indem er auf Konfrontationskurs mit seinem Schicksal ging. Eineinhalb Jahre danach fuhr er auf dem Lausitzring die fehlenden 13 Runden - und plötzlich tauchten die lange im Unterbewusstsein vergrabenen Bilder des Unglückstages wieder vor seinem geistigen Auge auf.

Ein Kämpfer, dessen Wille über den Körper siegt.

Castrol
LUK
Team Italy

Erster Traumerfolg ohne Beine

Nach dem ersten Sieg seit der Amputation beider Beine vor vier Jahren schwebt Alessandro Zanardi auf Wolke sieben.

„Es ist etwas Magisches passiert. Ich fühle mich, als hätte ich das erste Rennen meines Lebens gewonnen“, stellte der in der Tourenwagen-Weltmeisterschaft für BMW fahrende Zanardi am Montag nach seinem Sieg beim 14. Wertungslauf vor rund 40 000 Zuschauern auf der Rennstrecke in Oschersleben fest. BMW-Motorsportdirektor Mario Theissen zog den Hut. „Alex hat Großartiges geleistet und sich diesen Triumph verdient. Er ist eine beeindruckende Persönlichkeit“

Hinter Gittern

Rubin „Hurricane“ Carter *(* 6. Mai 1937 in Clifton, New Jersey) ist ein US-amerikanischer Mittelgewichtsboxer, der zwischen 1961 und 1966 aktiv war. Ab 1966 war er wegen Mordes inhaftiert und wurde 1985 freigelassen.*

Bereits als Elfjähriger wird Rubin Carter wegen seiner schwarzen Hautfarbe von einem rassistischen Kriminalbeamten in ein Erziehungsheim gesperrt. Derselbe Polizist manipuliert 1966 in einem Mordfall Zeugen, damit sie Rubin Carter, der inzwischen unter dem Namen „Hurricane“ eine erfolgreiche Boxerkarriere gemacht hat, vor Gericht beschuldigen.

Die Opfer waren natürlich weiß, und es gelingt dem gewissenlosen Gesetzesvertreter, die Tatsachen so zu verdrehen, dass Carter mit lebenslänglicher Haft bestraft wird. Der „Hurricane“ - der Boxername als Indiz für seine explosive Kampfkraft und seinen eisernen Willen - scheint gebrochen. In der Haftanstalt jedoch beschließt er, den Kampf gegen die Ungerechtigkeit aufzunehmen.

Er durchwühlt sämtliche juristische Bücher und schreibt seine berühmte Autobiographie „Die sechzehnte Runde“. Ein durch schwierige Verhältnisse geprägter Junge (Vicellous Reon Shannon) wird auf das Buch aufmerksam und beschließt mit seinen drei kanadischen Freunden, mit der seelisch zerbrochenen Boxerlegende in Kontakt zu treten und die Wahrheit ans Licht zu bringen. Es ist unglaublich: Die vier haben sich so sehr eingesetzt, sind nach Amerika gegangen, haben ihn im Gefängnis besucht, sind dem Mord von A-Z nachgegangen, und sind sogar für eine Weile an den Ort des Geschehens gezogen.

Der jugendliche Vicellous Reon war durch das Buch so von Carters Unschuld überzeugt worden, das er sich entschloss, ihm zu helfen, was auch gelang: Dank der

Gerechtigkeit Gottes kam Carter 1985 nach unermüdlichen Bemühungen seiner Freunde aus dem Gefängnis wieder frei. Er sagte: „Hass hat mich ins Gefängnis gebracht und Liebe wird mich wieder herausholen.“

Unschuldig verurteilt, überlebte er neunzehn Jahre im Gefängnis, ohne seine Würde zu verlieren, zum willenlosen Wrack zu werden oder sich von der Wut zerfressen zu lassen. Dieses Ereignis wurde verfilmt und ging um die Welt.

1993 bekam Rubin "Hurricane" Carter den Meisterschaftsgürtel außerhalb des Ringes. Die größte Auszeichnung die es jemals in der Box Geschichte gab.

Nelson Rolihlahla Mandela *(* 18. Juli 1918 in Mvezo, Transkei/Südafrika) war einer der führenden Anti-Apartheid-Kämpfer Südafrikas und von 1994 bis 1999 der erste schwarze Präsident des Landes.*

Er gilt neben Martin Luther King und Malcolm X als wichtigster Vertreter im Kampf gegen die weltweite Unterdrückung der Schwarzen sowie als Wegbereiter des versöhnlichen Übergangs von der Apartheid zu einem gleichheitsorientierten, demokratischen Südafrika. 1993 erhielt er den Friedensnobelpreis.

Nelson Mandela war 27 Jahre im Gefängnis, hat aber nie aufgehört, für sein Volk und dessen Recht zu kämpfen, so dass die Apartheid so gut wie abgeschafft wurde. Es ist ihm sogar gelungen, seinen Gegnern niemals eine Schwäche zu zeigen; selbst bei Schicksalsschlägen wie dem Tod seines Sohnes ließ er sich seinen innerlichen Schmerz nicht anmerken.

DELA
ARE

Malcolm X *(* 19. Mai 1925 in Omaha, Nebraska, gest. 21. Februar 1965 in New York City; geboren als Malcolm Little; nach seiner Pilgerreise nach Mekka 1964 El Hajj Malik el-Shabbaz) war ein US-amerikanischer Führer der Bürgerrechtsbewegung.*

Anfang 1946 wurde er verhaftet und im Jahr darauf zu zehn Jahren Gefängnis verurteilt. Der Grund dafür waren Einbrüche, die er zusammen mit einem Jugendfreund aus seiner Bostoner Zeit, einer verheirateten weißen Frau, Sophia, mit der er auch eine Affäre hatte, deren Schwester und einem weiteren „Bekannten" beging. Der Richter sah „Sex mit weißen Frauen" als Hauptanklagepunkt und verurteilte Malcolm und seinen Freund zu je zehn Jahren Zwangsarbeit. Sophia bekam fünf Jahre und wurde nach sieben Monaten auf Bewährung entlassen.

Als Autodidakt bildete er sich weiter, vor allem in den Bereichen Philosophie und Geschichte. Bei Debattiergruppen im Gefängnis schulte er seine Rhetorik. Die Zeit im Gefängnis nutzte er sehr intensiv für das Studium. Ein Beispiel dafür ist auch, dass er gezielt ganze (Fremdwörter-)Lexika und andere Wörterbücher las und abschrieb.

Malcolm X unternahm eine Pilgerfahrt nach Mekka, das Geld dafür lieh er sich von seiner Halbschwester. Die Einigkeit aller Völker und Rassen beeindruckte ihn während des Hadsch so sehr, dass er seine rassistische Einstellung überdachte. Er schloss sich dem sunnitischen Zweig des Islam an. Gleichzeitig initiierte er die „Organisation für die afroamerikanische Einheit“, deren Ziel die Selbstbestimmung der Schwarzen war. Im Gegensatz zu seiner Linie während seiner Zeit in der „Nation of Islam“ war er jetzt auch bereit, die Unterstützung und Hilfe der Weißen anzunehmen und anzuerkennen, und wollte nach einer Etablierungsphase seiner Organisation auch ihr Recht auf Mitgliedschaft anerkennen. Was zählte, war das konkrete Handeln der Menschen, egal welcher Hautfarbe.

Im Anschluss an seinen Mekka-Aufenthalt machte er eine über vier Monate dauernde Reise durch Afrika. Im Kontakt mit den antikolonialistischen Kämpfern wurde sein Denken endgültig revolutioniert. Und er erkannte, mehr noch als zuvor, die Zusammenhänge zwischen afrikanischem und afroamerikanischem Befreiungskampf.

Der Internationalismus wurde zum zentralen Angelpunkt seines Denkens. Die Befreiung der Afro-Amerikaner sei nicht von derjenigen der Afrikaner zu trennen, da Rassismus in den USA des Rassismus des Weltmarktes bedurfte und umgekehrt. „Es ist unmöglich für einen Weißen, an den Kapitalismus und nicht zugleich an den Rassismus zu glauben. Es gibt keinen Kapitalismus ohne Rassismus.“

Malcom X *hat es geschafft, vom Kriminellen zum Anführer einer Bewegung zu werden, auf den die Menschheit noch heute schaut!*

Heroinabhängig

Andreas Niedrig *(* 12. Oktober 1967 in Recklinghausen) ist ein deutscher Triathlet, der nach einem bewegten Leben als Drogensüchtiger in die Spitzenklasse der Langstrecken-Triathleten aufgestiegen ist.*

Man sprach mit dem 40-Jährigen über den Film zu seiner Lebensgeschichte, die Faszination Triathlon, Glück sowie Doping. Ein Mann kommt von der Straße zum Spitzensport - er verlor in seinem Leben enge Freunde, die an den Folgen ihres Drogenkonsums starben, er war selbst am Abgrund, trank Regenwasser von der Straße, als er sein Dach über dem Kopf und seine Familie scheinbar verlor.

Doch es war sein unbändiger Wille, der ihn dort heraus half und ihn vom Nobody zum Star machte. Heute ist Andreas Niedrig mit rund 40 Jahren immer noch Rekordhalter und Motivationstrainer. 1997 hat er den „Ironman“ als schnellster Triathlon-Einsteiger bewältigt: 3,8 km Schwimmen, 180 km Radfahren, 42,195 km Laufen in 8:03:54 Stunden. Er war heroinabhängig, kam aus der Drogentherapie, absolvierte eine Ausbildung zum Orthopädie-mechaniker und entdeckte den Hochleistungssport.

Er war einmal Zweiter und dreimal Dritter beim „Ironman“ in Roth und erreichte Platz sieben auf Hawaii.

Koma-Patient erwacht nach 19 Jahren!

Die erstaunliche Fallgeschichte beginnt 1984 in Arkansas, tief im ländlichen Süden der USA. ***Terry Wallis*** *ist 19 Jahre alt, ein junger Automechaniker, der vor kurzem Vater einer Tochter geworden ist. Mit zwei Freunden ist Terry auf einer Spritztour in seinem Transporter unterwegs. Auf einer Brücke kommt der Wagen von der Straße ab und stürzt in ein Flussbett. Einer der Freunde ist sofort tot, der andere überlebt unverletzt. Terry ist bewusstlos, er kommt ins*

Krankenhaus. Der Aufprall war so heftig, dass die Verbindung zwischen den beiden Hälften seines Kleinhirns gerissen ist.

Wochenlang liegt der junge Mann im tiefen Koma. Schließlich verändert sich sein Zustand: Der Patient scheint manchmal fast aufzuwachen, seine Gehirnwellen folgen einem Schlaf-Wach-Rhythmus, er zeigt manchmal Reaktionen auf die Umwelt, schmatzt, grunzt. Doch noch immer ist er fast völlig gelähmt.

Die Ärzte diagnostizieren ein Wachkoma und wissen nicht, ob er je wieder voll zu Bewusstsein kommen wird. Jahrelang liegt Terry Wallis so im Krankenhaus, sein Zustand bessert sich nicht. Doch seine Familie gibt ihn nicht auf: So oft es geht, holt sie Terry an den Wochenende nach Hause. Manchmal scheint er zu reagieren, wenn er angesprochen wird. Einen sichtbaren Fortschritt gibt es fast zwanzig Jahre lang nicht - bis zu einem Morgen im Juni 2003.
Terrys Mutter besucht ihn wie fast jeden Tag im Pflegeheim. Die Pflegerin spricht Terry an, wie sie es

immer tut, und fragt, wer ihn da wohl besuchen komme. Und diesmal antwortet Terry: „Mama". Pflegerin und Mutter sind fassungslos: Er ist ansprechbar, er versteht, was man ihm sagt, er kann antworten und den Kopf bewegen Sein Bewusstsein ist schlagartig zurückgekehrt.

Oh Mensch! Nach dem Hunger folgt die Sättigung, nach dem Durst die Stillung, nach dem Wachsein der Schlaf, nach der Krankheit das Wohlbefinden. Nach der Träne folgt ein Lächeln und nach dem Schock die Ruhe.

Schmerz und Leid von Schriftstellern erzeugen feine, wirksame und faszinierende literarische Werke, die aus tiefem brennendem Herzen und aus dem Gefühl heraus kommen. Das Leiden eines Schriftstellers erzeugt reizvolle, lebendige Werke, welche sich hin und her bewegen, voller Lehren und sogar bildlichen Darstellungen sowie Erinnerungen.

Die Werke eines Schriftstellers, der kein Leid spürt, keine Bitternis schmeckt, nicht in Bedrängnis gerät und zurückgewiesen wird, sind nichts als ein Haufen billigen Geredes, weil diese Gedichte nur Reden des Mundes und der Zunge sind und nicht leidenschaftlich sind und aus der Tiefe des Herzens stammen. Stärke wächst nicht aus körperlicher Kraft – vielmehr aus unbeugsamen Willen

Solange die Sonne im Osten aufgeht gibt es für jeden Menschen eine Hoffnung.

Neider und Feinde

Der Neid ist die aufrichtigste Form der Anerkennung.

Ein jeder von uns kennt es: Man hat eine Idee und möchte wissen, ob sie gut ist oder nicht. Man fragt Menschen um sich herum - und wie oft wird aufgrund von Neid oder Missgunst geantwortet: „Was? Nein, das klappt nicht! Nein, das wirst du niemals schaffen!“ Dies beeinflusst uns in dem Moment so sehr, dass man dann sagt: „Ich lass es doch besser einfach sein.“ Man lässt in diesem Moment Träume, die vielleicht Realität werden könnten, platzen wegen der Aussage eines Menschen, der sich nicht wirklich in einen hinein versetzten kann.

Und selbst wenn man eine solche Antwort bekommt wie oben erwähnt, sollte man selbstbewusst genug sein - sei die Idee auch noch so schwer umzusetzen - hat sie einen großen Nutzen, dann halte dran fest, denn gewiss, der Glaube versetzt Berge.

Du wirst in deinem Leben skrupellosem Kampf, bitterer Kritik, gezielter Zerstörung und Beleidigung ausgesetzt, solange du Gutes tust, aufbaust und glänzend wirkst.

Sie werden nicht aufgeben und still halten, es sei denn, du gräbst dir einen Tunnel unter der Erde für die Flucht. Solange du dich unter ihnen aufhältst, rechne damit, dass sie dich schlecht behandeln, zum Weinen bringen und dir sogar den Schlaf rauben. Wer auf dem Boden liegt, kann nicht mehr stürzen. Die Menschen treten keinen Toten, sondern sie sind wütend und ärgern sich über dich, da du ihnen überlegen bist, im Guten. Du bist in ihren Augen ein Feind, bis du deine Talente und Fähigkeiten verleugnest, so dass du dich von allen lobenswerten Eigenschaften loslöst und letztlich dann dumm und mit leeren Händen da stehst wie eine Null.

Sei Standhaft! Entferne dich von ihrem Gerede, ihrer Kritik, ihrer Entstellung der Wahrheit und von ihrer Verachtung. Sei wie eine schweigende ehrwürdige

Person, woran die Hagelkörner zerschellen, sei wie der Fels in der Brandung. Die Anzahl unserer Neider bestätigen unsere Fähigkeiten.

Wenn du aber auf ihr leeres Gerede hörst und reagierst, erfüllst du ihren sehnlichsten Wunsch, dich zu kränken und dein Leben zu zerstören. Mitleid bekommt man geschenkt, Neid muss man sich verdienen. Lass sie dich nicht bedrücken und in die Enge treiben. Ihre bittere Kritik ist für dich eine ehrenhafte Biographie, denn je gewaltiger sie ist, desto größer bist du. Du kannst weder ihre Münder verschließen noch ihre Zungen verknoten. Du kannst wohl aber ihre Kritik begraben und über sie hinwegsehen, indem du dich von ihnen abwendest, sie ignorierst und ihre Behauptungen weit von dir weist.

Du kannst ihnen auch scharfen Tabasco in die Münder füllen, indem du die Tugend pflegst und dein Verhalten noch mehr besserst - lach ihnen mit einen ausgeglichenen Lächeln ins Gesicht, dies schmerzt sie sehr.

Sprich für dich innerlich: „Sterbt an eurem Grimm!“

Lass dich nicht von unberechtigter Kritik aufhalten; sei wie ein weiser Mann, der sagte: „Heute bin ich immun gegen Kritik, denn ich bin erfahren und alt genug und weiß, dass Reden weder Ruhm noch feste Mauern zerstören kann.“

Der Neider findet keine Ruhe. Er unterdrückt und erscheint im Kleid des Unschuldigen. Er ist ein Feind, erscheint aber im Gewand des Freundes. Folgen des Neides sind krankhafte Störungen, Betrübnis und Kummer, die die Ruhe und das gute Leben zerstören. Das Missgeschick des Neiders besteht darin, dass er mit dem Schicksal in Zwietracht gerät.

Der Neider bleibt ständig wie von Seuche geplagt, bis er stirbt oder bis die Menschen ihre Schätze und Gaben verlieren. Jeder ist zur Versöhnung bereit, aber der Neider versteht unter Versöhnung, dass du deine Fähigkeiten aufgibst, deine Kompetenzen und

Tugenden ablegst. Der Neider ist gleich einer Schlange und wird sich erst zurückziehen, wenn er sein Gift völlig in den Körper eines Unschuldigen geleert hat.

All dies wollen wir diesen bösen Menschen nicht gewähren! Lasst uns gemeinsam stark bleiben und ihren böswilligen Absichten geschickt entgegen wirken, indem wir nicht das tun, was sie gerne hätten. Ich habe die Erfahrung gemacht, dass Leute ohne Probleme auch sehr wenige Tugenden haben, darum freue dich, wenn du welche hast - es zeigt, dass du wirkst in diesem Leben.

Jeder Mensch hat Fehler, so kann auch jeder Fehler bei anderen ausfindig machen. Sei du das Gegenteil des Neiders und suche nicht danach. Wehre mit einer Tat, die besser ist, die schlechte ab, dann wird derjenige, zwischen dem und dir Feindschaft besteht, so als wäre er ein warmherziger Freund, und das beste Mittel, um den Feind zu bekämpfen, ist, sein Freund zu werden. Wenn du jemanden nicht magst, so lerne ihn kennen. Nur wer das Herz hat zu helfen, hat das Recht zu kritisieren. Wendest du all dies an, bis du dem Neider immer einen Schritt voraus. Mach es gut, so hast du Neider, mach es noch besser, so wirst du sie beschämen.

Selbstbewusstsein

Die Gründe für ein mangelndes Selbstvertrauen sind vielfältig. Oft sind es sehr frühe Erfahrungen in der Kindheit, die eine tiefe Unsicherheit manifestiert haben. Botschaften an Kinder, wie z.B. "Lass das sein, das schaffst du eh nicht." oder "Was soll aus dir bloß mal werden?" prägen uns. Darüber hinaus können auch einzelne Erlebnisse wie das Versagen in einer bestimmten Situation oder das Verlassen werden von einem wichtigen Menschen zu mangelndem Selbstbewusstsein führen. In jedem Fall gehört immer auch eine Unsicherheit über den Wert der eigenen Person dazu.

Probleme sind wie ein bissiger Hund: Zeigst du ihm deine Angst, bellt er dich an und rennt dir hinterher; wenn der Hund aber sieht, dass du keine Angst hast und mutig reagierst, bleibt er zurück.

Die schwache Persönlichkeit empfindet alles als schwer; was genau im Gegensatz zur starken Persönlichkeit steht. Denn die starke Autorität wird durch jedes Hindernis nur noch stärker, und die schwache immer schwächer und kränker; sie flieht vor den Hindernissen und Herausforderungen.

Es gibt nichts Tödlicheres für die Psyche, als das Gefühl zu haben, dass sie unfähig ist und die Kraft verliert, dass sie niedrig gestellt und wertlos ist, einfach handlungsunfähig. Durch dieses Gefühl der Wertlosigkeit verliert der Mensch das Selbstvertrauen und den Glauben an die eigene Stärke. Wenn er mutig herangehen will, um etwas zu tun, zweifelt er an seinen Fähigkeiten so, dass er sich dann nicht in der Lage fühlt, etwas mit Erfolg zu tun. Die Folge dessen ist: Er behandelt die Sache schlaff und träge und verliert dadurch den Mut. Am Ende scheitert er an seinem Fehlverhalten. Die größte aller Schwächen ist, zu fürchten, schwach zu erscheinen.

Selbstvertrauen ist eine große Tugend, auf der der Erfolg im Leben basiert.

Ein wichtiger Schritt auf dem Weg zu mehr Selbstvertrauen, ist der, sich selbst besser kennen zu lernen. Oft ist das Bild, das wir von uns selbst haben nämlich stark verzerrt. Wir sehen uns z.B. viel hässlicher, viel dicker, viel unfähiger usw. als wir es sind. Jeder Mensch hat viele liebenswerte Seiten an sich und Fähigkeiten, Eigenschaften und Verhaltensweisen, die ihn oder sie wertvoll und einzigartig machen. Versuchen Sie, sich selbst mit einer liebevollen Distanz zu beobachten und sich einmal so kennen zu lernen, wie Sie einen anderen Menschen kennen lernen würden – offen und neugierig.

Selbstbewusstsein braucht als Basis die Selbstakzeptanz. Nur wer sich selbst annehmen kann und zu sich selbst steht, hat Selbstbewusstsein und wirkt selbstsicher nach außen.

Sich selbst anzunehmen, scheint für viele Menschen aber unendlich schwer zu sein. Wir kritisieren uns, hadern mit unserer Figur, unserer Intelligenz und unserem Aussehen. Wir können oft kein gutes Haar an uns lassen und eine innere Stimme nörgelt an uns herum. Meistens sind wir mit uns selbst strenger, als wir es mit jedem anderen Menschen wären.

Jeder hat seine eigenen Talente und Fähigkeiten, so dass niemand mit einem anderen verwechselt werden kann. Du bist mit bestimmten Fähigkeiten ausgestattet, um bestimmte Tätigkeiten durchzuführen. Man sagt: „Lies dich selbst, und du wirst erkennen, was du zu bieten hast.“ Die potentiellen Kräfte, die eine Person besitzt, sind neu für die Menschheit und kein Mensch kennt seine Fähigkeiten, bis er selber danach sucht und sie selber ausprobiert.

Und sage dir: Gewiss, ein Dach über den Kopf und ein Brot, um das Gesicht und die Ehre zu wahren, sind besser als ein mächtiger Palast und ein prachtvoller Garten, der Betrübnis und Sorgen bereitet.“

Zweifle nicht an dir selber, sprich dir selbst Mut zu und sag: „Ja doch, gewiss, ich kann es schaffen!“ Kehre in dich, erziehe dich, und du wirst sehen, dass du durch deine Selbstbesinnung dich nicht nur näher kennen lernst, sondern durch den Glauben an deine eigenen Fähigkeiten große Erfolge erreichen wirst.

Langeweile

Die schlimmsten Gedanken erscheinen, wenn man keine Beschäftigung hat; dann ist man wie ein unkontrolliertes Transportmittel, das jeden Moment gegen einen Baum rasen kann. Hast du in deinem Leben keine Beschäftigung, so stell dich auf Sorgen, Angst und Betrübnis ein, da diese Freizeit die Beschäftigung mit der Vergangenheit, der Gegenwart und der Zukunft aus der Schublade des Lebens heraus befördert, so dass du verwirrt bist. Ich rate dir und mir, sinnvoll und unablässig zu arbeiten, da diese Freizeit schlimme Folgen haben kann. Langeweile ist ähnlich wie jene langsame Folter, bei der der Gefangene unter ein Leitungsrohr gestellt wird, aus dem jede Minute ein Tropfen Wasser tropft. Nach einiger Zeit wartet der Gefangene nur noch auf diesen Tropfen, wird wahnsinnig und dreht durch. Ruhe, Bequemlichkeit und Achtlosigkeit führen zum Verlust deiner Fähigkeiten. Des Nächsten Leid zu lindern hilft einem, das eigene zu vergessen.

So stehe auf, hilf den Menschen, studiere Bücher, schreibe, ordne deine Unterlagen, treibe Sport, räume deine Wohnung auf, sei nützlich für andere, damit du deine Freizeit voll ausfüllst - dies rate ich dir aus tiefstem Herzen. Beende die tödliche Freizeit durch sinnvolle Beschäftigung, und die Ärzte und Forscher der Welt garantieren dir mehr Glückseligkeit. Schau dir die meisten Bauern an, wie sie glücklich ihrer

Arbeit nachgehen wie die Vögel voller Glück und Zufriedenheit, während du dir auf deiner Couch oder deinem Bett die Tränen abwischst, verstört und verwirrt.

Du und ich, wir müssen uns bewusst sein, wie wertvoll die gegenwärtige Zeit ist, und dass sie niemals wieder zurückkehren wird. So schöpfe diese Zeit voll und ganz aus, indem du dir strukturiert deine Zeit einteilst und diszipliniert diesen Plan befolgst. Wer es versteht, mit sich selbst zu leben, kennt keine Langeweile. Denn Disziplin gepaart mit fester Entschlossenheit ist deine Garantie für Erfolg.

Wer bist du und mit wem umgibst du dich?

Sei der, der du bist! Identifiziere dich nicht mit einer anderen Persönlichkeit, wandere nicht in einen anderen Körper. Das ist ja eine andauernde Quälerei.

Die meisten Menschen vergessen sich, ihre Bewegungen, Reden, Talente und ihre Zustände, ahmen andere Menschen nach, was zur Verstellung, zu gekünsteltem Verhalten, Selbstvernichtung und Existenzlosigkeit führt. Zwänge dich nicht in ein Dasein blinder Nachahmung und Selbstaufgabe! Geh erhobenen Hauptes voran in deiner Gestalt und deiner Art, rein, ungekünstelt und aus freiem Antrieb!

Lebe so, wie du geschaffen wurdest!

Ändere nicht deine Stimme, wechsele nicht deine Stimmlage! Weiche nicht von deinen eigenen Schritten ab und verleugne nicht deine eigene Persönlichkeit, zerstöre nicht deine Selbständigkeit!

Genau so wollen wir dich: mit deinen eigenem Stil und deiner eigenen Art, denn du bist ja so geschaffen, wie du eben bist. Keiner soll ein fortlaufender Mitläufer sein, der immer versucht, es den Anderen recht zu machen und sich dabei selber vergisst.

Die Menschen sind ebenso verschieden wie unterschiedliche Bäume verschiedene Früchte tragen. Groß oder klein, süß oder sauer. Wenn du eine Melone bist, versuche nicht, eine Orange zu sein, da deine Schönheit und dein Wert darin bestehen, dass du eine Melone bist. Unsere unterschiedlichen Farben, Sprachen, Talente und Fähigkeiten sind Merkmale einer jeden Persönlichkeit.

Der Spruch „Zeige mir deine Freunde, und ich sage dir, wer du bist“ beinhaltet sehr viel Weisheit und Wahrheit.

Deine Freunde prägen dich und verleiten dich zum Guten oder zum Schlechten. Deshalb umgib dich mit Menschen, die dir das Beste wünschen und dich lieben aufgrund deiner Persönlichkeit und nicht wegen deines Ruhmes oder Geldes. Mit Freunden, die so an dich denken wie es Eltern üblicherweise tun. Die bei dir sind, auch wenn es dir dreckig geht oder niemand anderes dich da ist. Denn deine Aufrichtigkeit, Aufmerksamkeit, Fürsorge, Barmherzigkeit und

Offenheit hat nicht jeder Mensch in gleichem Maße verdient. Schenke sie vielmehr demjenigen, der auch dir diese Dinge gewährt, denn dies ist wahre Freundschaft - ein ständiges Miteinander, untermauert durch Geben und Nehmen. Der wahre Freund ist indirekt immer an dem eigenen Erfolg beteiligt, weil er dir Mut zuspricht, dich aufheitert und dir auch oft die Lösung deiner Probleme zeigt. Der Freund ist einer, der alles von dir weiß, und der dich trotzdem liebt.

Es führt zum Glück, wenn du jemanden findest, dessen Gesellschaft dir nützt und dessen Begleitung dich glücklich macht. Kein besseres Heilmittel gibt es im Leid als eines edlen Freundes Zuspruch. Gute Freunde und hervorragende Lehrer - Bleib ihnen nah! Und wisse dass die Einsamkeit besser ist als das Verkehren mit üblen Gefährten.

Dein Auftreten

*Auch wenn man einiges am eigenen Auftritt verbessern kann, sollte man sich dabei nie völlig verstellen.
Die Liebe eines Menschen wird hervorgerufen, indem du fröhlich lächelst und freundlich redest. Die Herzen erreicht man mit Milde, Güte und Freundlichkeit. Gib dich den Menschen gegenüber auf die schönste Art, versuche es; du kannst es trainieren, damit sie dich so empfangen, wie du es gerne hättest. Denn jeder bekommt genau das, was er gibt, es ist dein Spiegelbild. Empfangen dich die Menschen gut, nett, lieb und freundlich, dann darum, weil du es auch zu ihnen bist.*

Dein Auftreten und deine Ausstrahlung machen sehr viel aus. Denn gut gekleidete, angenehm duftende Menschen, die sich sehr gut nach außen präsentieren können, werden aufgrund ihrer charmanten Art sehr geliebt.

Die Reinheit der Seele hängt mit der Reinheit der Kleidung zusammen. Wessen Kleidung unrein ist, dessen Seele ist meist getrübt. Dies ist ersichtlich, da viele Menschen betrübt werden, wenn ihre Kleidung schmutzig oder unordentlich ist.

Sogar bei Stars oder sogenannten Promis macht es viel aus, denn Werbung macht man meist nur mit Leuten, die Charme und Charisma haben, die etwas Besonderes ausstrahlen.

Du musst wissen, dass dein Erfolg in hohem Maße von deinem allgemeinen Auftreten abhängig ist. Es ist nicht der Anzug, das Kleid oder das Lächeln alleine, vielmehr ist es die ganze Person - aber es kann sein, dass ein kleiner Faktor das Hindernis auf dem Weg zum Erfolg wird.

So lass deine guten Eigenschaften stets die schlechten überwiegen, so dass man dich lobt, auch wenn Manches bei dir nicht vorhanden ist. Denn beim Berg ändert es auch nichts, ob er mehr oder weniger Steine hat; er bleibt ein Berg. So bleibe du rein und attraktiv.

Wer ein freundliches Wort ausspricht, verpflichtet andere, ihn zu mögen.

Jeder von uns kann die Kunst erlernen, die Herzen zu gewinnen. Doch dies geschieht nicht durch leeres Gerede, sondern vielmehr durch tatkräftiges Handeln.

Ein kleines Lächeln ist Balsam für die Sorgen und Salbe für die Traurigkeit. Es hat eine wunderbare und erstaunliche Wirksamkeit, um die Seele zu erfreuen und das Herz fröhlich zu machen.

Worte sind nur zehn Prozent der Kommunikation. Der Rest sind Körpersprache und Stimme. Die Menschen erkennen in irgendeiner Weise den wahren Sinn deiner Worte, dass etwas nicht stimmt, dass du nicht ehrlich und authentisch wirkst, wenn diese 90 Prozent non-verbaler Kommunikation nicht in Übereinstimmung mit deinen Worten stehen. So liegt nur eine kurzfristige Lösung vor.

Früher oder später werden die Menschen darauf zurückkommen. Die Menschen trennen Mauern aus Vorurteilen; baut man diese ab erkennt man, dass doch große Parallelen existieren und man miteinander vernünftig umgehen kann. So nimm du dir vor, der nette Nachbar, Sohn, Chef, Mitarbeiter und der Mitmensch aller zu sein.

Jeder ist so glücklich, wie er selbst es zulässt.

Wegweiser

Ich habe Dinge angesprochen, die mehr oder weniger alle ansprechen; jeder hat irgendetwas davon für sich selber und für seinen Bekanntenkreis entnehmen bzw. mitnehmen können. Nun möchte ich euch mein Fazit mit auf den Weg geben, denn nicht jede Persönlichkeit, über die ich berichtet habe, hat aus meiner Sicht das Richtige getan bzw. tut es noch. Anhand dieser Beispiele wollte ich nur verdeutlichen, dass jeder in der

Lage ist, auch mit großen Defiziten ein Meisterwerk zu vollbringen und Träume zu verwirklichen.

Am Ende sind es nicht die Jahre in deinem Leben, die zählen. Es ist das Leben in deinen Jahren. Wer ist für mich nun ein wahrhaftiges Vorbild, über den ich sagen kann, dass es für niemanden ein Fehler ist, in seine Fußstapfen zu treten und ihm, so gut es eben geht, nachzueifern?

Es ist ein Mensch, der in mir und in Milliarden von Menschen eine unverwechselbare, bleibende Spur hinterließ. Eine Handschrift, wie sie besser nicht sein könnte, nicht zu vergleichen mit den Namen, die bislang in diesem Buch gefallen sind - die größte Autorität der Menschheit und auch gleichzeitig das größte Geschenk an die Menschheit. Sein Dahinscheiden war der größte Verlust aller Zeiten, ein Schmerz, wie er treffender und bleibender nicht sein kann, und damit übertreibe ich keineswegs.

Man stelle sich einen Menschen vor, der große Macht besitzt über viele Menschen, der ihre gesamten Ressourcen verwaltet und außerdem als Richter unter ihnen über Recht und Unrecht in den meisten ihrer Angelegenheiten urteilt, und der sich dennoch von fast allem Schönen in dieser Welt entsagt und sich mit wenig oder nichts begnügt - stattdessen verteilt er das ganze Hab und Gut ständig an seine Anhänger. Er verfügt über Sklaven und Bedienstete, aber er arbeitet wie jeder andere - sogar noch besser, kocht selbst, reinigt seine Kleidung selbst und flickt sie selbst.

Die Person, über die ich schreibe, war ein Mensch, der ständig sich selber vergaß, um die Angelegenheiten anderer zu erledigen. Diese Person war frei von Arroganz und Selbstverherrlichung, sondern vielmehr bescheiden und gütig zu allen Geschöpfen; frei von Hass und Rache, bedacht auf Liebe und Zuneigung unter den Menschen. Er speiste die Armen und hielt seine Mitmenschen dazu an, es ihm gleich zu tun, half den Bedürftigen und sorgte sich um die Waisen. Dieser

Mensch hatte das Beste und vornehmste Benehmen gegenüber anderen. Er hatte stets ein nettes und warmes Lächeln auf dem Gesicht, das in den Mensch ein wohliges und zugleich vertrautes Gefühl hervorrief.

Er war für seine Anhänger wie ein Ozean, sie fanden ihn stets vor sich, wenn sie seine Hilfe benötigten. Er war in seinem ganzen Umfeld als ehrlich und vertrauenswürdig bekannt, niemals bezichtigte man ihn vor seinem Amtsantritt der Lüge; selbst diejenigen, bei seinem Amtsantritt gegen ihn waren - was auf ihre persönlichen Neigungen zurückzuführen ist - haben ihn nicht der Lüge bezichtigt, weil sie befürchteten, dass man dann sie selbst als Lügner bezeichnen würde, weil man ihn ja als ehrlichen Mann kannten. Dieser einmalige, unbeschreibliche Führer war immer gerecht und behandelte selbst seine Feinde auf die beste Art und Weise, so dass viele ihre Meinung änderten und ihm – beeindruckt durch sein vorbildliches Verhalten - dann auch folgten.

Er hielt seine Abmachungen, Versprechen und Termine immer ganz genau ein. Seine Gefährten genossen seine Gegenwart und waren traurig über seine Abwesenheit. Es bedrückte sie, wenn ihn etwas bedrückte, sie verspürten Schmerz, wenn er Schmerzen hatte, weil sie ihn einfach so sehr liebten wegen seines einmaligen, bewundernswerten Auftreten. Er entsagte sich dessen, was die Menschen liebten und wurde deswegen geliebt.

Der deutsche Dichter *Goethe* *sagte: „Ich suchte in der Geschichte nach einem Menschen als Vorbild (Ideal), da fand ich den arabischen Propheten Muhammad, Friede sei mit ihm.“* [1]

Ja, genau, er ist es, der letzte aller Propheten

Mahatma Gandhi *sagte über ihn: „Sie (die Aussprüche des Propheten Muhammad, Friede sei mit*

---

1 Abdurrahman Al Sheha: Muhammad, der Gesandte Allahs, Friede sei auf ihm, S.58 ihm) gehören zu den Schätzen der Menschheit, nicht nur der Muslime.“

Weiter sagte er: „Es war nicht das Schwert, das dem Islam seinen Platz in der Geschichte beschert hat. Es war die Einfachheit, die absolute Bescheidenheit des Propheten Muhammad, Friede sei mit ihm. Es war seine peinlich genaue Beachtung von Versprechen, die intensive Hingabe zu Freunden und Anhängern, seine Furchtlosigkeit und sein fester Glaube an Gott und seine eigene Mission.“ [2]

Der Wissenschaftler Walse *schrieb in seinem Buch „Der wahre Prophet“: „Einer der deutlichsten Beweise für die Ehrlichkeit des Propheten Muhammad, Friede sei auf ihm, ist, dass seine Familie und die ihm nächsten Menschen die ersten waren, die ihm glaubten. Denn sie wussten alles über ihn und seine Geheimnisse. Und wenn sie die geringsten Zweifel an*

---

2 *Jotiar Barmani: Die faszinierende Lebensgeschichte des letzten Propheten, Cover*

seiner Ehrlichkeit gehabt hätten, hätten sie nicht an ihn geglaubt.“ [3]

Der spanische Orientalist Jane Lec *schreibt in seinem Buch „Die Araber“: „Niemals kann das Leben Muhammads, Friede sei mit ihm, so beschrieben werden, wie Allah es in folgender Aussage beschrieben hat:* ***Und wir haben dich nur als Barmherzigkeit für die Weltenbewohner gesandt.*** *(Qur'an21:107)“*

Muhammad, Friede und Segen seien auf ihm, war eine wahrhaftige Barmherzigkeit. Und ich spreche den Segen über ihn mit Sehnsucht.

Der Dichter Alphonse de La Martaine *schrieb: „Es kam nie vor, dass ein Mensch, ob freiwillig oder zwangsweise, mit solch einer unvergleichlichen Aufgabe beauftragt wurde. Denn diese Aufgabe war übermenschlich. Diese Aufgabe sollte den Aberglauben*

---

3 Abdurrahman Al Sheha: Muhammad, der Gesandte Allahs, Friede sei auf ihm, S.58

untergraben, welcher als Hindernis zwischen den Menschen und ihrem Schöpfer stand.

Und diese Aufgabe sollte die Verbindung zwischen Allah und dem Menschen und umgekehrt herstellen. Und damit sollte der Gedanke an die Göttlichkeit, ihre Richtigkeit und Heiligkeit zurückkehren, inmitten eines Durcheinander von Göttern und Götzen, denen die Menschen Dienst erwiesen.“

Es kam nie vor, dass ein Mensch mit einer Aufgabe, welche die menschlichen Fähigkeiten überragte, beauftragt wurde, während ihm so geringe Mittel zur Verfügung standen. Dies, weil er bei der Umsetzung dieser großartigen Aufgabe total auf sich selbst gestellt war. Und dabei half ihm nur eine kleine Gruppe von gläubigen Männern, aus der unbekannten Gegend in der großen Wüste, die an ihn und seine Botschaft glaubten.

Wenn wir die Großartigkeit des Zieles, die Geringfügigkeit der Mittel und die erstaunliche

Erfüllung betrachten, als drei Maßstäbe für die menschliche Genialität, wollen wir wissen, wer es wagt, einen Vergleich zwischen einem der großen Männer der Geschichte und Muhammad, Friede sei auf ihm, anzustellen.

Er hat zu einer seelischen Gemeinschaft beigetragen, die aus vielen unterschiedlichen Völkern, Farben und Sprachen besteht.

Er hinterließ uns als eine islamische Gemeinschaft, deren nie vergehende Besonderheit es ist, dass sie den Götzendienst verabscheut und dem einen Gott dient, Den keine Blicke wahrnehmen können.

So haben sich die Gläubigen durch Muhammad, Friede sei auf ihm, in der strengen Verpflichtung, die falschen Götter abzuweisen und sich vom Beigesellen Gottes, welches die Himmel verschmutzt, abzuwenden, ausgezeichnet. Das Eintreten von mehr als ein Drittel der Erdbewohner in seine Religion war sein Wunder oder besser gesagt, es war nicht das Wunder dieses Mannes sondern das Wunder des Verstandes.

Denn die Idee der Einzigkeit Gottes, zu welcher er aufrief, inmitten von den Märchen und Fabeleien, die durch die Wahrsager, Priester und Götzendiener festverankert waren, wirkte wie ein Wunder.

Diese Idee trug, unmittelbar nachdem sie von Muhammad, Friede sei mit ihm, veröffentlicht wurde, die Fähigkeit mit sich, alle Tempel der Götzendiener zu zerstören und das Feuer in einem Drittel der Welt zu entfachen.

Sein Leben, seine Gedanken über das Universum, seine tapfere Revolte gegen den Aberglauben und der Irre in seinem Heimatland, sein Mut die Götzendiener herauszufordern, seine Standhaftigkeit bezüglich des Schadens seitens der Götzendiener, 13 Jahre lang in Mekka und die Geduld gegenüber den Bosheiten seiner Landsleute, deren Opfer er fast geworden wäre, all dies hat ihn nicht von seinem Aufruf ablenken können.

Auch sein Kampf gegen die verächtliche Moral und den falschen Stolz, der in der vorislamischen Zeit fest verankert war, seine felsenfeste Überzeugung vom Erfolg, die Bewahrung der Ruhe im Elend, seine Bescheidenheit im Sieg und sein Ehrgeiz waren nur einer einzigen Idee gewidmet, ohne Reichtum oder Herrschaft anzustreben.

Seine immerwährenden Gebete, seine spirituelle Verbindung mit Allah, sein Tod und dazu sein großartiger Sieg nach dem Tod, sind alles Zeugnisse dafür, dass es sich nicht um einen Betrüger handelt, sondern um einen Mann mit einer fest verwurzelten Überzeugung, die sich nicht erschüttern lässt.

Das ist Muhammad, Friede sei auf ihm. Wenn wir ihn mit allen Maßen messen, mit welchen die Großartigkeit eines Menschen gemessen werden kann, sollten wir uns fragen, ob es jemand Bedeutenderen als den Gesandten Muhammad, Friede sei auf ihm, gibt!“ [4]

Allah beschreibt den Propheten Friede und Segen seien auf ihm wie folgt:

Und als Jesus, der Sohn Maryams, sagte:“ O Kinder Isra´ils, gewiss, ich bin Allahs Gesandter an euch, das bestätigend, was von der Thora vor mir (offenbart) war, und einen Gesandten verkündend, der nach mir kommen wird: sein Name Ahmad.“ Als er nun mit den klaren Beweisen zu ihnen kam, sagten sie: „Das ist deutliche Zauberei.“ **Quran 61:6**

Und Wir haben dich nur als Barmherzigkeit für die Weltenbewohner gesandt. **Quran 21:107**

Zu euch ist nunmehr ein Gesandter aus euren eigenen Reihen gekommen. Bedrückend ist es für

4 Abdurrahman Al Sheha: *Muhammad, der Gesandte Allahs, Friede sei auf ihm*, S.59

ihn, wenn ihr in Bedrängnis seid, (er ist) eifrig um euch bestrebt, zu den Gläubigen gnadenvoll und barmherzig. **Quran 9:128**

Er ist es, Der unter den Analphabeten einen Gesandten aus ihrer Mitte erweckt hat, um ihnen Seine Verse zu verlesen und sie zu reinigen und sie die Schrift und die Weisheit zu lehren. **Quran 62:2**

Wahrlich, ihr habt an dem Gesandten Allahs ein schönes Vorbild für jeden, der auf Allah und den Letzten Tag hofft und Allahs häufig gedenkt. **Quran 33:21**

Er ist es, Der seinen Gesandten mit der Führung und der wahren Religion geschickt hat, auf dass Er sie über jede andere Religion siegen lasse. Und Allah genügt als Zeuge. **Quran 48:28**

Wer aber als Religion etwas anderes als den Islam begehrt, so wird es von ihm nicht angenommen werden, um im Jenseits wird er zu den Verlierern gehören. **Quran 3:85**

O ihr Menschen, fürchtet euren Herrn, Der euch aus einem einzigen Wesen schuf, und aus ihm schuf Er seine Gattin und ließ aus beiden viele Männer und Frauen sich ausbreiten. Und fürchtet Allah, in Dessen (Namen) ihr einander bittet, und die Verwandtschaftsbande. Gewiß, Allah ist Wächter über euch. **Quran 4:1**

Das Kommen von Muhammad Friede sei auf ihm war ein Segen, die Welt war ihm erlegen. Er brachte ihr die Wahrheit, und lehrte sie Gerechtigkeit, er ist ein helles Licht für die, die an ihn glauben.

Mein Herz hat sich ihm ergeben. Seine Worte lassen mich leben, meine Augen sind voller tränen, wenn sie seinen Namen erwähnen, nach seiner Nähe sehne ich mich, seine Worte machen mich glücklich.

Wer ihm folgt ist zum Sieger erkoren, seine guten Taten gehen nicht verloren, er war Gnade auf zwei Füßen, er ist der Mond, der die Nacht erhellt, er hat Allahs Gesetz wieder hergestellt.

Er ist der Führer der Menschheit, er brachte ihr die Freiheit, er lehrte sie Allah zu ehren und sich gegen Unrecht zu wehren.

Schlusswort

Jeder wird in einem Umstand geboren, welcher nicht seine eigene Auswahl darstellt. Von Anbeginn der Existenz auf dieser Welt wird jeder sozusagen dazu gezwungen, die Religion seiner Familie oder die Ideologie seines Staates anzunehmen. Im Laufe der Zeit erreicht man seine Jugendjahre. Gewöhnlich ist man in dieser Zeit vollkommen einer Gehirnwäsche unterzogen, weil man davon überzeugt ist, dass der Glaube einer bestimmten Gesellschaft korrekt ist, den zugleich jeder haben sollte. Wenn jedoch einige Menschen sich entwickeln und zu anderen Glaubenssystemen übertreten, beginnt man den eigenen Glauben zu hinterfragen.

Die Wahrheitssuchenden Leute gelangen des Öfteren zu einem Punkt der Verwirrung, wenn sie sie sehen, dass jede Religion, Sekte, Ideologie und Philosophie für sich in Anspruch nimmt, der einzig richtige Weg für die Menschen zu sein. In der Tat beinhalten die meisten einige gültige und vernünftige Ansätze. Fast alle Religionen ermutigen die Leute Gutes zu tun. Welcher Weg ist nun der Richtige?

Sie können nicht alle gleichzeitig Recht haben, da jeder verschiedene Weg von den anderen behauptet, falsch zu sein. Wie wählt daher ein Wahrheitssuchender den richtigen Weg aus? Gott gab uns allen Verstand und Intellekt, so dass es uns möglich ist, diese zwingende Entscheidung zu treffen. Es ist die wichtigste Entscheidung im Leben eines Menschen. Davon hängt seine ganze Zukunft ab. Folglich muss jeder von uns, ohne bestimmte Vorurteile zu haben, die präsentierten Beweise untersuchen und jene auswählen, welche als richtig erscheinen, solange keine weiteren Beweise auftauchen.

Da die Konsequenzen einer falschen Religion so gravierend sind, muss die wahre Religion Gottes in der

Vergangenheit allgemein verständlich und allgemein erreichbar gewesen sein, und sie muss zugleich weiterhin für immer über die gesamte Welt hinaus verständlich sein. In anderen Worten, die wahre Religion Gottes kann nicht auf irgendwelche Leute, Orte oder auf irgendeinen Zeitabschnitt beschränkt werden. Auch ist es nicht logisch, dass so eine Religion Bedingungen auferlegt, die nichts mit der Beziehung des Menschen zu Gott zu tun haben, wie z.B. die Taufe oder der Glaube an einen Mann als Erlöser bzw. Vermittler.

Im zentralen Prinzip des Islam und seiner Definition die Unterwerfung des eigenen Willens unter Gottes Willen, liegt die Wurzel der Allgemeingültigkeit des Islam.

Wann immer ein Mensch begreift, das Gott ein einziger Gott ist und getrennt ist von seiner Schöpfung, zugleich sich Gott unterwirft, so wird dieser ein Muslim in Körper und Geist, würdig für das Paradies.

Folglich kann jedermann zu jeder Zeit in den entferntesten Gebieten der Welt ein Muslim werden, ein Anhänger der Religion Gottes, dem Islam, und zwar lediglich durch die Ablehnung der Anbetung der Schöpfung und Hinwendung an Gott allein. Jedoch sollte man beachten, dass man ständig zwischen Richtig und Falsch wählen muss, um sich tatsächlich dem Willen Gottes zu unterwerfen. In der Tat ist der Mensch von Gott nicht nur mit der Fähigkeit das Richtige vom Falschen zu unterscheiden ausgestattet, sondern auch mit der Macht zwischen ihnen zu wählen.

Diese gottgegebene Freiheit trägt eine wichtige Verantwortung mit sich, nämlich, dass der Mensch für die gemachte Wahl Rechenschaft bei Gott ablegen muss. Daher sollte der Mensch sein Bestes geben, um Gutes zu tun und Schlechtes zu vermeiden.

Was rate ich nun jedem, sich selbst zu fragen?

Frage dich selbst nach dem Sinn des Lebens! „Warum bin ich hier? Was ist richtig und was ist falsch?“

Du sollst wissen, dass ich selber ein deutscher Konvertit bin, der den Islam zu schmecken bekam und ihn immer noch genießt. Es ist wahrlich die Botschaft Gottes!

Vergiss nicht, die angesprochenen Kapitel in deinem Leben umzusetzen, diesen einen festen Platz in deinem Leben zu geben.

Es ist wichtig, das du dich ständig daran erinnerst, dass es Menschen gab und noch gibt, die trotz schwerer Schicksalsschläge niemals aufgaben bzw. -geben.

Nutze deine Zeit, umgib dich mit Menschen, die dir wohlgesonnen sind, die dich weiter bringen, von denen du profitierst. Nimm dir Zeit, um dich zu studieren, damit du wirklich alles aus dir heraus holen kannst, oftmals entdecken aber andere die eigenen Fähigkeiten aber andere an einem.

So kommen wir immer wieder darauf zurück, dass du ein gutes Umfeld brauchst, denn nur dieses wird dich sowohl auf deine Mängel als auch auf deine Qualitäten aufmerksam machen.

Abschließend gibt es noch ein Fazit von mir, und das ist: Du kannst alles erreichen, solange dein Atem, also deine Seele dich nicht verlassen hat mit der Erlaubnis Gottes.

Die Menschen schauen gerne auf blühende und duftende Blumen, die einen festen Halt haben, nicht aber auf solche, die die Köpfe hängen lassen und nicht duften. So höre auf zu jammern und fange an, die Veränderung zu sein, die du dir für die Welt wünschst.

Die schönste Freude erlebt man immer da, wo man sie am wenigsten erwartet hat.

Da ich dir bereits mitgeteilt habe, dass ich dies aus meinem Herzen heraus geschrieben habe und fest an die Hölle und das Paradies als Ausgang glaube, bitte ich dich, wenn du Fragen haben solltest, mich doch einfach über meine Email-Adresse zu kontaktieren.

Alles Gute und viel Erfolg!

adamlau3@web.de.

Mönchengladbach den, 11.02.2010

Kurzbiographie des Autors

Sven Lau geboren am 14.10.1980 in Mönchengladbach (Deutschland).

1998 *Realschulabschluss*

1999 *Konvertierung zum Islam*

2001 *1.Platz Teamwertung bei den westdeutschen Straßenmeisterschaften über 21 km*

2002 *Ausbildung als Industriemechaniker erfolgreich abgeschlossen*

2003 *3.Platz bei den Deutschen Feuerwehrmeisterschaften Mittelstrecke 1500m*

2004 *abgeschlossene Berufsausbildung als Brandmeister*

2004 *erste Pilgerfahrt nach Mekka*

2005 *Eröffnung des islamischen Kulturzentrum Masjid As Sunnah*

2007 *Beginn des Studiums der Islamwissenschaften in Brüssel (Belgien)*

2008 *vertrete ich den Islam als Prediger auf deutscher Sprache auch bekannt mit dem Namen „Abu Adam“*

Ich bin ein verheirateter Mann mit vier Söhnen.

Literaturverzeichnis

Bücher

- *Dr. Abu Ameenah Bilal Philips: The true religion of god*
- Frank Bubenheim: Der edle Quran König Fahd komplex Medina 2004
- *Abdurrahman Al Sheha: Muhammad, der Gesandte Allahs, Friede sei auf ihm, King Fahd National Libary Cataloging - in Publication Data –Riyadh 2005*
- *Jotiar Bamarni: Die faszinierende Lebensgeschichte des letzten Propheten, 1. Auflage Dezember 2008 Schreibfeder Verlag*

Internet

- *Abd al-Aziz Bin Baz: http://en.wikipedia.org/wiki/Abd_al-Aziz_ibn_Abd_Allah_ibn_Baaz*
- *Andrea Bocelli: http://de.wikipedia.org/wiki/Andrea_Bocelli*
- *Rubin Carter: http://de.wikipedia.org/wiki/Rubin_Carter*
- *Stephen Hawking: http://de.wikipedia.org/wiki/Stephen_Hawking*
- *Liu: www.livestrong.com/liu-zhang/*

- *Miyagu: kurios.at/storys/90/frau-prallt-gegen-traktor-und-sieht-wieder/*

- *Andreas Niedrig: http://de.wikipedia.org/wiki/Andreas_Niedrig*

- *Stevie Wonder: http://de.wikipedia.org/wiki/Stevie_Wonder*

- *Malcom X: http://de.wikipedia.org/wiki/Malcolm_Xhttp://de.wikipedia.org/wiki/Alessandro_Zanardi*

- *Alessandro Zanardi: http://de.wikipedia.org/wiki/Alessandro_Zanardi*

Bildnachweis

Lance Armstrong: *spikesmag.com*

Andrea Bocelli: http://de.wikipedia.org/w/index.php?title=Datei:Andrea_Bocelli_at_2009_Teatro_del_Silenzio.jpg&filetimestamp=20100202121116

Abd al-Aziz Bin Baz: *www.nabiela.blogspot.com*

Rubin Carter: www.*iuinfo.indiana.edu*

Stephen Hawking:
http://de.wikipedia.org/wiki/Datei:Stephen_Hawking_050506.jpg

Liu:
www.inquisitr.com

Nelson Mandela:
http://de.wikipedia.org/w/index.php?title=Datei:Nelson_mandela.jpg&filetimestamp=20060514230648

Stevie Wonder:
http://de.wikipedia.org/w/index.php?title=Datei:Stevie_Wonder_2.jpg&filetimestamp=20060712210707

Malcom X:
http://thetinchef.files.wordpress.com/2009/09/malcolm-x.jpg

Alessandro Zanardi:
http://www.ridelust.com/wp-content/uploads/prosth4.jpg

Sonnenuntergang*:*
http://upload.wikimedia.org/wikipedia/de/7/73/Sonnenuntergang_in_den_Ligurischen_Apenninen.JPG

Muslim Prayer:
http://religion-cults.com/Islam/117_Indian-Muslims-praying-.jpg